各美其美，
美人之美，
美美与共，
天下大同。

——费孝通

公历二〇一九年

农历己亥年

苗族清水苗、红头苗
（隆林各族自治县新州镇含山村大树脚屯）

广西 12 个世居民族简介

广西是我国民族成分较多的边疆地区，有壮、汉、瑶、苗、侗、仫佬、毛南、回、京、彝、水、仡佬等 12 个世居民族。若干个世纪以来，这些民族在桂西、桂北、桂东的崇山峻岭里，在桂南的平原丘陵上，在金滩海岛中生息繁衍。他们在漫长的历史进程中创造了多姿多彩、特色鲜明的民族民间文化。12 个民族有近百种款式的传统民族服饰，服饰文化灿若星河；建筑文化亦是各具特色，侗乡鼓楼、风雨桥，壮乡苗寨吊脚楼等，为壮美的八桂大地增添了别样风情；民间音乐更有无尽宝藏——侗族大歌、壮族驮娘江调山歌、马山三声部民歌、右江河谷嘹歌、龙州天琴歌谣、红水河流域壮族排歌等，百种调式的山歌共同汇成了“歌海”；田阳敢壮山上，每年“三月三”来祭拜壮族人文始祖布洛陀者达数万之众，百姓传承下来的《布洛陀麽经》的文化价值无可估量。此外，还有丰富多彩的各民族节庆文化、饮食文化、人生礼俗、岁时风俗等等，不胜枚举。

廣西

GUANGXI

出版《美美与共 2019》广西民族文化日历，旨在通过我们编辑组独特的视角去挖掘、整理和呈现广西民族民间目前仍保存的传统特色地域文化。这些文献性图像资料，让子孙后代知道祖先如何表达生为人的艺术；让曾经拥有独特文化历史的族群，未来也有值得骄傲的回顾；让崇尚自然、渴望返璞归真的读者借此踏上重返精神家园的心路之旅，从而为关注历史传承、反思文化变迁的读者打开一座传统文化的“博物馆”和乡土社会的“史书库”。借此呼吁：保护我们的民族民间文化，珍视我们的历史！

公历二〇一九年
1
January
农历戊戌年
一
月

壮族

壮族是我国少数民族中人口最多的民族，由古代“百越”族群中的“西瓯”“骆越”等部落发展而来。新中国建立后统一称为“僮”，后改为“壮”。壮族的文化艺术形式多样，左江岩画是两千多年前壮族先民创造的艺术瑰宝，铜鼓、壮锦等是壮族的艺术珍品，《布洛陀》是壮族古老而丰富的创世史诗。壮族人民素以能歌著称，善于以歌来表达情感。壮族住房的主要形式为干栏式建筑。壮族男子下穿宽腿裤，上身着对襟无领短衣，头缠长巾；女子下穿百褶裙，上身着无领、右衽、绣花绲边短衣，头扎绣花巾。壮族的重大节日有“三月三”“七月十四”“牛魂节”等。

壮族儿童银饰（南丹县）

公历二〇一九年

一月

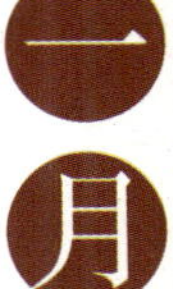

农历戊戌年

元旦

星期二

2019.01.01

TUESDAY, JAN 1, 2019

农历十一月廿六

壮族（南丹县）

公历二〇一九年

一月

农历戊戌年

二日

星期三

2019.01.02

WEDNESDAY，JAN 2，2019

农历十一月廿七

壮族儿童（西林县古障镇浪吉村那岩屯）

三
日

星期四

2019.01.03

THURSDAY, JAN 3, 2019

农历十一月廿八

公历二〇一九年

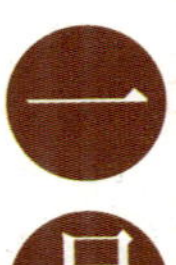

农历戊戌年

瑶族蓝靛瑶银饰（田林县潞城瑶族乡营盘村岩龙屯）

公历二〇一九年

四日

星期五

2019.01.04

FRIDAY，JAN 4，2019

农历十一月廿九

仡佬族妇女打柴归来（隆林各族自治县克长乡长发村）

公历二〇一九年

农历戊戌年

星期六

2019.01.05

SATURDAY，JAN 5，2019

农历十一月三十

彝族盛装（隆林各族自治县德峨镇那地村）

六日

2019.01.06

SUNDAY，JAN 6，2019

农历腊月初一

公历二〇一九年

农历戊戌年

毛南族织锦纹样

公历二〇一九年

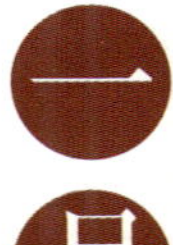

农历戊戌年

七日

星期一

2019.01.07

MONDAY，JAN 7，2019

农历腊月初二

苗族花苗织锦（隆林各族自治县猪场乡那伟村洞沟屯

公历二〇一九年

一月

农历戊戌年

八日

星期二

2019.01.08

TUESDAY, JAN 8, 2019

农历腊月初三

瑶族布努瑶银饰（巴马瑶族自治县东山乡）

公历二〇一九年

农历戊戌年

九日

星期三

2019.01.09

WEDNESDAY，JAN 9，2019

农历腊月初四

汉族服饰（隆林各族自治县隆或镇）

公历二〇一九年

一月

农历戊戌年

十日

星期四

2019.01.10

THURSDAY，JAN 10，2019

农历腊月初五

苗族白苗服饰（隆林各族自治县蛇场乡）

星期五

2019.01.11

FRIDAY，JAN 11，2019

农历腊月初六

公历二〇一九年

侗族平绣工艺背带局部

星期六

2019.01.12

SATURDAY，JAN 12，2019

农历腊月初七

公历二〇一九年

壮族五色糯米饭制作

腊八

星期日

2019.01.13

SUNDAY, JAN 13, 2019

农历腊月初八

公历二〇一九年

农历戊戌年

瑶族男子头饰（融水苗族自治县白云乡）

星期一

2019.01.14

MONDAY, JAN 14, 2019

农历腊月初九

公历二〇一九年

农历戊戌年

瑶族花头瑶新娘装背饰（防城港市防城区那良镇六市村）

公历二〇一九年

一月

农历戊戌年

十五

星期二

2019.01.15

TUESDAY，JAN 15，2019

农历腊月初十

正月跳蚂𧊅舞的壮族青年（天峨县六排镇纳洞村纳音屯）

公历二〇一九年

农历戊戌年

十
六

星期三

2019.01.16

WEDNESDAY，JAN 16，2019

农历腊月十一

瑶族盘瑶服饰（桂林市临桂区宛田瑶族乡东宅江村）

星期四

2019.01.17

THURSDAY, JAN 17, 2019

农历腊月十二

公历二〇一九年

月

农历戊戌年

侗族锁边绣工艺背带局部细节

公历二〇一九年

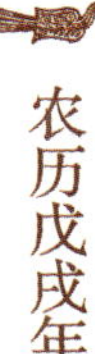

农历戊戌年

星期五

2019.01.18

FRIDAY，JAN 18，2019

农历腊月十三

苗族素苗传统妇女服饰（隆林各族自治县蛇场乡马场村大弯屯）

星期六

2019.01.19

SATURDAY，JAN 19，2019

农历腊月十四

公历二〇一九年

农历戊戌年

瑶族蓝靛瑶戴嫁妆（凌云县泗城镇览沙村那劳屯）

公历二〇一九年

农历戊戌年

星期日

2019.01.20

SUNDAY，JAN 20，2019

农历腊月十五

瑶族蓝靛瑶新娘装（凌云县泗城镇览沙村那劳屯）

公历二〇一九年

廿一

星期一

2019.01.21

MONDAY，JAN 21，2019

农历腊月十六

苗族妇女挑花

（隆林各族自治县 [illegible]）

公历二〇一九年

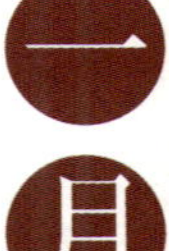

廿二

星期二

2019.01.22

TUESDAY，JAN 22，2019

农历腊月十七

瑶族盘瑶盛装（荔浦市蒲芦瑶族乡）

廿三

星期三

2019.01.23

WEDNESDAY，JAN 23，2019

农历腊月十八

公历二〇一九年

农历戊戌年

毛南族织锦纹样

廿四

星期四

2019.01.24

THURSDAY，JAN 24，2019

农历腊月十九

公历二〇一九年

农历戊戌年

瑶族服饰（龙胜各族自治县三门镇同烈村）

公历二〇一九年

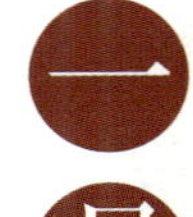

农历戊戌年

廿五

星期五

2019.01.25

FRIDAY，JAN 25，2019

农历腊月二十

壮族服饰（南丹县罗富镇）

公历二〇一九年

廿六

星期六

2019.01.26

SATURDAY，JAN 26，2019

农历腊月廿一

京族哈节迎『海神』女队（东兴市江平镇沥尾村）

廿七

星期日

2019.01.27

SUNDAY，JAN 27，2019

农历腊月廿二

公历二〇一九年

农历戊戌年

水族马尾绣蝴蝶纹花背带局部

小年

星期一

2019.01.28

MONDAY，JAN 28，2019

农历腊月廿三

公历二〇一九年

农历戊戌年

汉族（隆林各族自治县隆或镇）

廿九

星期二

2019.01.29

TUESDAY，JAN 29，2019

农历腊月廿四

公历二〇一九年

水族马尾绣背带（南丹县六寨镇）

卅日

星期三

2019.01.30

WEDNESDAY，JAN 30，2019

农历腊月廿五

公历二〇一九年

农历戊戌年

苗族素苗村庄（隆林各族自治县蛇场乡乐香村同腊屯）

卅一

星期四

2019.01.31

THURSDAY，JAN 31，2019

农历腊月廿六

公历二〇一九年

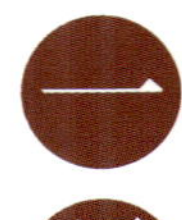

农历戊戌年

公历二〇一九年
2
February
二月
农历戊戌年·己亥年

汉族

汉族自秦汉以后陆续由中原各地迁入广西，历来与各少数民族的关系比较融洽。广西汉人基本上操汉语，汉语方言主要有粤语、桂柳话、客家话、平话等。广西汉族的传统艺术文化有桂剧、粤剧、彩调剧、邕剧、文场、广西渔鼓等形式。广西汉族的传统服饰有蒙布装、右衽大襟装、无领开胸对襟装、右开襟装等。吮田螺、喝早茶等是广西汉族的饮食习俗，柚皮扣、什锦冬瓜盅、酸品、白斩鸡、桂林米粉、瓦煲饭等是广西汉族的特色食品。

汉族（隆林各族自治县隆或镇）

一日

星期五

2019.02.01

FRIDAY，FEB 1，2019

农历腊月廿七

公历二〇一九年

农历戊戌年

汉族（隆林各族自治县隆或镇道达村）

公历二〇一九年

农历戊戌年

二日

星期六

2019.02.02

SATURDAY，FEB 2，2019

农历腊月廿八

壮族服饰（百色市右江区阳圩镇平圩村）

公历二〇一九年

农历戊戌年

三日

星期日

2019.02.03

SUNDAY，FEB 3，2019

农历腊月廿九

苗族春耕（隆林各族自治县德峨镇）

公历二〇一九年

农历戊戌年

除夕
立春

星期一

除夕

2019.02.04

MONDAY，FEB 4，2019

农历腊月三十

苗族素苗姑娘唱山歌（隆林各族自治县蛇场乡马场村大弯屯）

春节

公历二〇一九年

农历己亥年

星期二

春节

2019.02.05

TUESDAY，FEB 5，2019

农历正月初一

京族服饰（东兴市江平镇沥尾村）

日

星期三

2019.02.06

WEDNESDAY，FEB 6，2019

农历正月初二

公历二〇一九年

农历己亥年

汉族（隆林各族自治县隆或镇）

公历二〇一九年

农历己亥年

七日

星期四

2019.02.07

THURSDAY，FEB 7，2019

农历正月初三

侗族服饰（龙胜各族自治县平等镇）

星期五

2019.02.08

FRIDAY，FEB 8，2019

农历正月初四

公历二〇一九年

瑶族土瑶嫁妆（贺州市平桂管理区鹅塘镇大明村）

公历二〇一九年

农历己亥年

九日

星期六

2019.02.09

SATURDAY，FEB 9，2019

农历正月初五

仡佬族服饰（隆林各族自治县克长乡新合村打铁寨）

十日

星期日

2019.02.10

SUNDAY，FEB 10，2019

农历正月初六

公历二〇一九年

农历己亥年

毛南族织锦纹样

公历二〇一九年

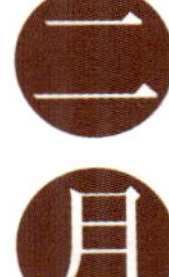

星期一

2019.02.11

MONDAY，FEB 11，2019

农历正月初七

粮仓里取稻谷的壮族老人（西林县古障镇浪吉村那岩屯）

星期二

2019.02.12

TUESDAY，FEB 12，2019

农历正月初八

公历二〇一九年

农历己亥年

汉族（隆林各族自治县隆或镇）

公历二〇一九年

二月

农历己亥年

星期三

2019.02.13

WEDNESDAY，FEB 13，2019

农历正月初九

苗族跳坡节爬竿（隆林各族自治县德峨镇）

星期四

2019.02.14

THURSDAY，FEB 14，2019

农历正月初十

公历二〇一九年

农历己亥年

苗族偏苗少女盛装服饰（隆林各族自治县德峨镇）

公历二〇一九年

农历己亥年

十五

星期五

2019.02.15

FRIDAY，FEB 15，2019

农历正月十一

汉族（隆林各族自治县天生桥镇）

公历二〇一九年

二月

农历己亥年

十六

星期六

2019.02.16

SATURDAY，FEB 16，2019

农历正月十二

瑶族红瑶服饰（龙胜各族自治县龙脊镇金坑大寨村）

公历二〇一九年

农历己亥年

十七

星期日

2019.02.17

SUNDAY，FEB 17，2019

农历正月十三

仡佬族服饰（隆林各族自治县德峨镇常么村三冲屯）

星期一

2019.02.18

MONDAY，FEB 18，2019

农历正月十四

公历二〇一九年

二月

农历己亥年

在山坳上唱山歌的汉族妇女
（隆林各族自治县隆或镇）

公历二〇一九年

农历己亥年

元宵
雨水

星期二

元宵节

2019.02.19

TUESDAY，FEB 19，2019

农历正月十五

瑶族盘瑶服饰（桂平市紫金镇木山村）

廿日

星期三

2019.02.20

WEDNESDAY，FEB 20，2019

农历正月十六

公历二〇一九年

瑶族花头瑶头饰（防城港市防城区那良镇高林村）

廿一

星期四

2019.02.21

THURSDAY，FEB 21，2019

农历正月十七

公历二〇一九年

二月

农历己亥年

壮族服饰（大新县龙门乡三联村中屯）

廿二

星期五

2019.02.22

FRIDAY，FEB 22，2019

农历正月十八

公历二〇一九年

农历己亥年

彝族火把节射箭比赛（隆林各族自治县德峨镇那地村）

廿三

星期六

2019.02.23

SATURDAY，FEB 23，2019

农历正月十九

公历二〇一九年

农历己亥年

汉族老人（隆林各族自治县隆或镇）

廿

四

星期日

2019.02.24

SUNDAY，FEB 24，2019

农历正月二十

公历二〇一九年

农历己亥年

彝族服饰（隆林各族自治县德峨镇）

廿五

星期一

2019.02.25

MONDAY，FEB 25，2019

农历正月廿一

公历二〇一九年

农历己亥年

仡佬族（隆林各族自治县克长乡新合村打铁寨）

廿六

星期二

2019.02.26

TUESDAY，FEB 26，2019

农历正月廿二

公历二〇一九年

农历己亥年

瑶族盘瑶服饰（金秀瑶族自治县金秀镇）

廿七

星期三

2019.02.27

WEDNESDAY，FEB 27，2019

农历正月廿三

公历二〇一九年

农历己亥年

壮族女孩弹奏天琴（龙州县金龙镇）

廿八

公历二〇一九年

星期四

2019.02.28

THURSDAY，FEB 28，2019

农历正月廿四

公历二〇一九年

3

March

农历己亥年

三月

瑶族

瑶族是南方山地民族。瑶族服饰式样多姿多彩。白裤瑶男子穿白色灯笼裤，长至膝盖；妇女服饰各地不一，有的穿长衫长裤，有的穿短衣百褶裙。桂北瑶族盛行“打油茶”，大瑶山瑶族喜欢腌制“鸟酢”“兽肉酢”。瑶族民间文学艺术十分丰富，以《盘瓠传说》《密洛陀》《盘王歌》为代表作。长鼓舞和铜鼓舞是瑶族传统舞蹈。瑶族有独特的刺绣印染等传统工艺。盘王节和达努节是瑶族民间最盛大的传统节日。瑶医、瑶药、瑶浴有悠久的历史，靠口耳相传、指药传授的方式流传下来。新中国成立后，广西对瑶族医药进行了发掘整理。

瑶族盘瑶服饰（融水苗族自治县同练瑶族乡）

公历二〇一九年

三月

农历己亥年

一日

星期五

2019.03.01

FRIDAY，MAR 1，2019

农历正月廿五

瑶族过山瑶盛装背面（贺州市八步区步头镇）

公历二〇一九年

三月

农历己亥年

二日

星期六

2019.03.02

SATURDAY，MAR 2，2019

农历正月廿六

水族马尾绣蝴蝶纹样背带

公历二〇一九年

农历己亥年

星期日

2019.03.03

SUNDAY，MAR 3，2019

农历正月廿七

苗族蜡绘（隆林各族自治县德峨镇田坝村）

公历二〇一九年

农历己亥年

四日

星期一

2019.03.04

MONDAY，MAR 4，2019

农历正月廿八

瑶族白裤瑶谷仓（南丹县里湖瑶族乡怀里村蛮降屯）

五日

星期二

2019.03.05

TUESDAY，MAR 5，2019

农历正月廿九

公历二〇一九年

农历己亥年

瑶族番瑶服饰（巴马瑶族自治县东山乡）

惊蛰

星期三

2019.03.06

WEDNESDAY, MAR 6, 2019

农历正月三十

公历二〇一九年

苗族花苗茅屋檐下（隆林各族自治县猪场乡那伟村洞沟屯）

七日

星期四

2019.03.07

THURSDAY，MAR 7，2019

农历二月初一

公历二〇一九年

壮族干栏建筑（那坡县龙合镇）

八日

公历二〇一九年

农历己亥年

星期五

妇女节

2019.03.08

FRIDAY，MAR 8，2019

农历二月初二

水族银饰（南丹县六寨镇）

九日

星期六

2019.03.09

SATURDAY，MAR 9，2019

农历二月初三

公历二〇一九年

农历己亥年

瑶族花头瑶服饰（防城港市防城区峒中镇板八村）

十日

公历二〇一九年

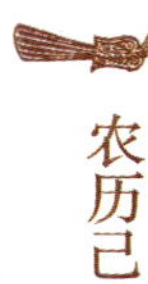

农历己亥年

星期日

2019.03.10

SUNDAY，MAR 10，2019

农历二月初四

瑶族服饰（融水苗族自治县洞头镇）

公历二〇一九年

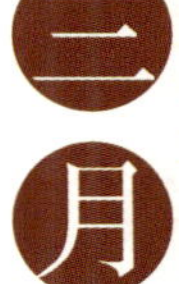

农历己亥年

一

星期一

2019.03.11

MONDAY，MAR 11，2019

农历二月初五

瑶族银饰（贺州市八步区水口镇龙坪村三组）

公历二〇一九年

农历己亥年

星期二

植树节

2019.03.12

TUESDAY，MAR 12，2019

农历二月初六

程阳风雨桥（三江侗族自治县林溪乡）

公历二〇一九年

农历己亥年

星期三

2019.03.13

WEDNESDAY，MAR 13，2019

农历二月初七

壮族服饰（那坡县龙合镇共和村达文屯）

公历二〇一九年

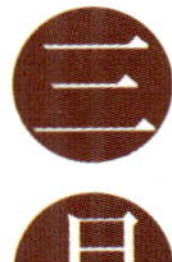

农历己亥年

十

星期四

2019.03.14

THURSDAY, MAR 14, 2019

农历二月初八

苗族清水苗服饰（隆林各族自治县新州镇含山村大树脚屯）

公历二〇一九年

农历己亥年

星期五

2019.03.15

FRIDAY，MAR 15，2019

农历二月初九

壮族绣花鞋——绣有汉字篆体「寿」的寿鞋（巴马瑶族自治县甲篆乡）

星期六

2019.03.16

SATURDAY，MAR 16，2019

农历二月初十

公历二〇一九年

农历己亥年

瑶族茶山瑶男装（金秀瑶族自治县忠良乡） 熊红云 摄

星期日

2019.03.17

SUNDAY，MAR 17，2019

农历二月十一

公历二〇一九年

农历己亥年

纺线的壮族妇女（西林县古障镇浪吉村那岩屯）

星期一

2019.03.18

MONDAY，MAR 18，2019

农历二月十二

公历二〇一九年

农历己亥年

瑶族大板瑶新娘装（防城港市防城区峒中镇）

公历二〇一九年

农历己亥年

星期二

2019.03.19

TUESDAY，MAR 19，2019

农历二月十三

苗族素苗妇女和马（隆林各族自治县蛇场乡马场村）

公历二〇一九年

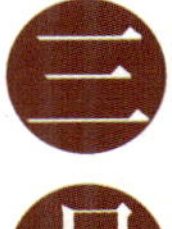

农历己亥年

廿日

星期三

2019.03.20

WEDNESDAY，MAR 20，2019

农历二月十四

瑶族蓝靛瑶服饰（巴马瑶族自治县那社乡）

春分

公历二〇一九年

农历己亥年

星期四

2019.03.21

THURSDAY，MAR 21，2019

农历二月十五

瑶族白裤瑶服饰（南丹县里湖瑶族乡）

公历二〇一九年

农历己亥年

廿二

星期五

2019.03.22

FRIDAY，MAR 22，2019

农历二月十六

壮族布依绣花鞋

廿

三

星期六

2019.03.23

SATURDAY，MAR 23，2019

农历二月十七

公历二〇一九年

农历己亥年

瑶族花头瑶服饰（防城港市防城区那良镇高林村）

廿四

星期日

2019.03.24

SUNDAY, MAR 24, 2019

农历二月十八

公历二〇一九年

仡佬族老年妇女服饰（隆林各族自治县德峨镇常么村三冲屯）

廿五

星期一

2019.03.25

MONDAY，MAR 25，2019

农历二月十九

公历二〇一九年

农历己亥年

苗族蜡染工艺（融水苗族自治县香粉乡雨卜村）

公历二〇一九年

三月

农历己亥年

廿六

星期二

2019.03.26

TUESDAY，MAR 26，2019

农历二月二十

瑶族番瑶祝著节服饰（巴马瑶族自治县东山乡）

公历二〇一九年

农历己亥年

廿七

星期三

2019.03.27

WEDNESDAY，MAR 27，2019

农历二月廿一

彝族服饰（隆林各族自治县德峨镇）

廿八

星期四

2019.03.28

THURSDAY，MAR 28，2019

农历二月廿二

公历二〇一九年

纯真靓丽的汉族姑娘（隆林各族自治县隆或镇）

廿九

星期五

2019.03.29

FRIDAY，MAR 29，2019

农历二月廿三

公历二〇一九年

农历己亥年

瑶族白裤瑶盛装少女（南丹县里胡瑶族乡怀里村）

卅日

星期六

2019.03.30

SATURDAY，MAR 30，2019

农历二月廿四

公历二〇一九年

农历己亥年

瑶族蓝靛瑶头饰（田林县潞城瑶族乡营盘村）

公历二〇一九年

三月

农历己亥年

卅一

星期日

2019.03.31

SUNDAY，MAR 31，2019

农历二月廿五

4
April
四月
公历二〇一九年
农历己亥年

苗族

苗族是我国南方少数民族之一。黄帝时的“九黎”，尧、舜、禹时的“三苗”，商周时的“荆蛮”都与苗族有着密切关系。苗族喜食酒、辣椒、酸菜。苗族男子头缠包头巾，身穿麻布衣，束腰；妇女一般穿大襟右衽衣，衣长齐腰，下穿百褶裙或宽阔短裤。苗年、吃新节、芦笙节、跳坡节是苗族的传统节日。苗族能歌善舞，民间文学十分丰富。苗族的舞蹈多用芦笙伴奏，故统称为“芦笙舞”。广西苗族地区还流行爬竿、跳雷、鸟枪射击、摔跤等传统体育活动。芦笙、铜鼓、唢呐、洞箫、苗笛、月琴等是苗族的民间乐器。苗族的挑花、刺绣、蜡染、编织颇负盛名。

苗族清水苗少女服饰（隆林各族自治县新州镇含山村大树脚屯）

一

星期一

2019.04.01

MONDAY，APR 1，2019

农历二月廿六

公历二〇一九年

农历己亥年

苗族清水苗女童服饰（隆林各族自治县新州镇含山村大树脚屯）

公历二〇一九年
四月

农历己亥年

二日

星期二

2019.04.02

TUESDAY，APR 2，2019

农历二月廿七

瑶族服饰（龙胜各族自治县平等镇盘胖村）

公历二〇一九年

农历己亥年

三日

星期三

2019.04.03

WEDNESDAY, APR 3, 2019

农历二月廿八

苗族传统服装现代头饰（融水苗族自治县香粉乡）

四日

星期四

2019.04.04

THURSDAY，APR 4，2019

农历二月廿九

公历二〇一九年

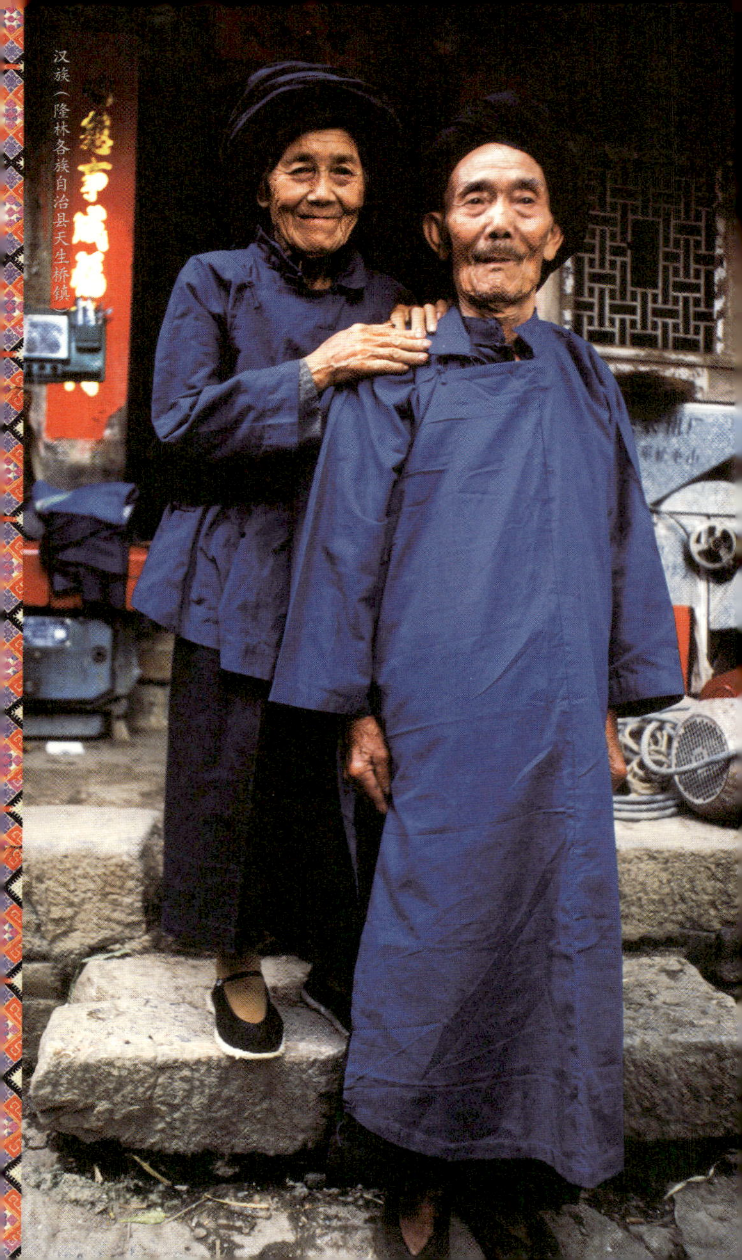

汉族（隆林各族自治县天生桥镇）

清明

星期五

清明节

2019.04.05

FRIDAY，APR 5，2019

农历三月初一

公历二〇一九年

农历己亥年

壮族梭子（隆林各族自治县介廷乡岩怀村）

公历二〇一九年

农历己亥年

日

星期六

2019.04.06

SATURDAY，APR 6，2019

农历三月初二

壮族三月三风俗——踩风车（隆林各族自治县者浪乡）

公历二〇一九年

四月

农历己亥年

上巳

星期日

上巳节

三月三

2019.04.07

SUNDAY，APR 7，2019

农历三月初三

瑶族红瑶服饰（龙胜各族自治县龙脊镇金坑大寨村）

八日

星期一

2019.04.08

MONDAY，APR 8，2019

农历三月初四

公历二〇一九年

农历己亥年

瑶族花头瑶服饰（防城港市防城区那良镇六市村）

公历二〇一九年

农历己亥年

九日

星期二

2019.04.09

TUESDAY，APR 9，2019

农历三月初五

苗族偏苗少女银饰（隆林各族自治县德峨镇

公历二〇一九年

四月

农历己亥年

十日

星期三

2019.04.10

WEDNESDAY，APR 10，2019

农历三月初六

毛南族织锦纹样

公历二〇一九年

农历己亥年

十一

星期四

2019.04.11

THURSDAY，APR 11，2019

农历三月初七

瑶族平地瑶服饰（富川瑶族自治县新华乡）

公历二〇一九年

四月

农历己亥年

十二

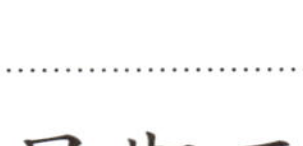

星期五

2019.04.12

FRIDAY，APR 12，2019

农历三月初八

水族服饰（南丹县六寨镇）

十三

星期六

2019.04.13

SATURDAY，APR 13，2019

农历三月初九

公历二〇一九年

农历己亥年

瑶族过山瑶服饰（贺州市八步区黄洞瑶族乡）

十四

星期日

2019.04.14

SUNDAY，APR 14，2019

农历三月初十

公历二〇一九年

四月

农历己亥年

瑶族蓝靛瑶童装（凌云县泗城镇览沙村那劳屯）

公历二〇一九年

农历己亥年

2019.04.15

MONDAY，APR 15，2019

农历三月十一

苗族素苗妇女服饰（隆林各族自治县蛇场乡）

星期二

2019.04.16

TUESDAY，APR 16，2019

农历三月十二

公历二〇一九年

四月

农历己亥年

壮族蚂蜗节模拟古人纺织表演（天峨县六排镇纳洞村纳鲁屯）

星期三

2019.04.17

WEDNESDAY，APR 17，2019

农历三月十三

公历二〇一九年

农历己亥年

瑶族服饰（全州县东山瑶族乡）

公历二〇一九年

四月

农历己亥年

星期四

2019.04.18

THURSDAY，APR 18，2019

农历三月十四

瑶族蓝靛瑶小孩帽饰（田林县潞城瑶族乡营盘村岩龙屯）

公历二〇一九年

四月

农历己亥年

十九

星期五

2019.04.19

FRIDAY，APR 19，2019

农历三月十五

苗族素苗服饰（隆林各族自治县蛇场乡马场村大湾屯）

公历二〇一九年
四月
农历己亥年

谷雨

星期六

2019.04.20

SATURDAY，APR 20，2019

农历三月十六

苗族红头苗妇女服饰（隆林各族自治县新州镇含山村大树脚屯）

公历二〇一九年

四月

农历己亥年

廿一

星期日

2019.04.21

SUNDAY，APR 21，2019

农历三月十七

瑶族平头瑶银饰（贺州市八步区水口镇龙圩村三组）

公历二〇一九年

农历己亥年

廿二

星期一

2019.04.22

MONDAY, APR 22, 2019

农历三月十八

苗族服饰（融水苗族自治县安陲乡）

廿三

公历二〇一九年

农历己亥年

星期二

2019.04.23

TUESDAY，APR 23，2019

农历三月十九

苗族素苗三姐妹（隆林各族自治县蛇场乡）

公历二〇一九年

农历己亥年

廿四

星期三

2019.04.24

WEDNESDAY，APR 24，2019

农历三月二十

水族马尾绣壁挂局部

公历二〇一九年

廿五

星期四

2019.04.25

THURSDAY，APR 25，2019

农历三月廿一

瑶族过山瑶头饰（贺州市八步区步头镇）

公历二〇一九年

农历己亥年

廿六

星期五

2019.04.26

FRIDAY，APR 26，2019

农历三月廿二

苗族素苗新娘出嫁（隆林各族自治县蛇场乡斤杳村同腊屯）

廿七

星期六

2019.04.27

SATURDAY，APR 27，2019

农历三月廿三

公历二〇一九年

农历己亥年

仡佬族少女服饰（隆林各族自治县克长乡）

公历二〇一九年

四月

农历己亥年

廿八

星期日

2019.04.28

SUNDAY，APR 28，2019

农历三月廿四

苗族坡会（融水苗族自治县安陲乡）

公历二〇一九年

农历己亥年

廿九

星期一

2019.04.29

MONDAY，APR 29，2019

农历三月廿五

仡佬族韦必实一家（隆林各族自治县克长乡新合村打铁寨）

卅日

星期二

2019.04.30

TUESDAY，APR 30，2019

农历三月廿六

公历二〇一九年

5

公历二〇一九年

May

农历己亥年

㊄

㊊

侗族是我国南方人口较多的一个民族。侗族在饮食方面，以粳米为主，山区人喜吃糯米饭，爱打油茶，善腌制酸菜、酸肉、酸鱼，有“侗不离酸”之说。侗族男子以着唐装为主，头包长青帕。女子头挽发髻于头的左前方或脑后，插头簪或银梳，戴耳环、手镯和项链；穿大襟无领绲边衣，系带扣，里挂胸襟，下围百褶裙，系绑腿，着云勾鞋。鼓楼、风雨桥是侗族的特色建筑。侗族能歌善舞，歌有大歌、双歌、耶歌、琵琶歌等，舞蹈有芦笙舞、踩堂舞、春牛舞和邬颈龙灯舞等。

侗族鼓楼（龙胜各族自治县平等镇广南村）

一日

星期三
劳动节

2019.05.01
WEDNESDAY，MAY 1，2019
农历三月廿七

公历二〇一九年
五月
农历己亥年

苗族偏苗服饰（隆林各族自治县德峨镇）

公历二〇一九年

五月

农历己亥年

二日

星期四

2019.05.02

THURSDAY，MAY 2，2019

农历三月廿八

瑶族蓝靛瑶女装（西林县普合苗族乡）

公历二〇一九年

五月

农历己亥年

三日

星期五

2019.05.03

FRIDAY，MAY 3，2019

农历三月廿九

苗族白苗围裙纹样（隆林各族自治县蛇场乡）

公历二〇一九年

农历己亥年

四日

星期六

青年节

2019.05.04

SATURDAY，MAY 4，2019

农历三月三十

侗族唱大歌（三江侗族自治县良口乡和里村）

五日

星期日

2019.05.05

SUNDAY，MAY 5，2019

农历四月初一

公历二〇一九年

五月

农历己亥年

苗族清水苗百褶裙（隆林各族自治县新州镇）

公历二〇一九年

农历己亥年

立夏

星期一

2019.05.06

MONDAY，MAY 6，2019

农历四月初二

瑶族木柄瑶服饰（田林县浪平镇平山村）

七日

公历二〇一九年

五月

农历己亥年

星期二

2019.05.07

TUESDAY，MAY 7，2019

农历四月初三

瑶族花蓝瑶服饰（金秀瑶族自治县六巷乡）

公历二〇一九年

五月

农历己亥年

八

星期三

2019.05.08

WEDNESDAY，MAY 8，2019

农历四月初四

苗族白苗[illegible]（[illegible]族自治县隆或镇）

公历二〇一九年

农历己亥年

九日

星期四

2019.05.09

THURSDAY，MAY 9，2019

农历四月初五

苗族红头苗挑花工艺（隆林各族自治县德峨镇田坝村）

公历二〇一九年

农历己亥年

十日

星期五

2019.05.10

FRIDAY，MAY 10，2019

农历四月初六

苗族白苗乐器——口弦（隆林各族自治县蛇场乡）

星期六

2019.05.11

SATURDAY，MAY 11，2019

农历四月初七

公历二〇一九年

五月

农历己亥年

彝族香包（隆林各族自治县德峨镇）

公历二〇一九年

农历己亥年

星期日

牛魂节（壮族）

2019.05.12

SUNDAY，MAY 12，2019

农历四月初八

侗族贴布平绣锁边绣工艺背带局部

公历二〇一九年

十三

星期一

2019.05.13

MONDAY，MAY 13，2019

农历四月初九

侗族婚礼（三江侗族自治县林溪乡）

十

星期二

2019.05.14

TUESDAY，MAY 14，2019

农历四月初十

公历二〇一九年

农历己亥年

瑶族蓝靛瑶头饰（西林县普合苗族乡）

十
五

星期三

2019.05.15

WEDNESDAY，MAY 15，2019

农历四月十一

瑶族少女盛装（融水苗族自治县白云乡）

星期四

2019.05.16

THURSDAY，MAY 16，2019

农历四月十二

公历二〇一九年

农历己亥年

瑶族妇女（龙胜各族自治县龙脊镇金江村黄洛屯）

公历二〇一九年

五月

农历己亥年

星期五

2019.05.17

FRIDAY, MAY 17, 2019

农历四月十三

侗族锁边绣工艺背带局部

星期六

2019.05.18

SATURDAY，MAY 18，2019

农历四月十四

公历二〇一九年

农历己亥年

汉族姑娘背玉米秆（隆林各族自治县隆或镇）

星期日

2019.05.19

SUNDAY，MAY 19，2019

农历四月十五

公历二〇一九年

五月

农历己亥年

侗族姐妹（三江侗族自治县）

廿日

公历二〇一九年

农历己亥年

星期一

2019.05.20

MONDAY，MAY 20，2019

农历四月十六

瑶族番瑶银饰（巴马瑶族自治县东山乡）

公历二〇一九年

农历己亥年

星期二

2019.05.21

TUESDAY，MAY 21，2019

农历四月十七

瑶族白裤瑶吹乐器（南丹县里湖瑶族乡怀里村）

廿二

星期三

2019.05.22

WEDNESDAY，MAY 22，2019

农历四月十八

公历二〇一九年

农历己亥年

瑶族蓝靛瑶胸饰（西林县普合苗族乡）

廿三

星期四

2019.05.23

THURSDAY，MAY 23，2019

农历四月十九

公历二〇一九年

农历己亥年

苗族传统服装现代头饰（融水苗族自治县四荣乡）

廿四

星期五

2019.05.24

FRIDAY，MAY 24，2019

农历四月二十

公历二〇一九年

月

农历己亥年

瑶族蓝靛瑶盛装（凌云县泗城镇览沙村那劳屯）

廿
五

星期六

2019.05.25

SATURDAY, MAY 25, 2019

农历四月廿一

公历二〇一九年

农历己亥年

壮族妇女银饰（那坡县城厢镇）

公历二〇一九年

农历己亥年

廿六

星期日

2019.05.26

SUNDAY，MAY 26，2019

农历四月廿二

侗族服饰（龙胜各族自治县平等镇）

公历二〇一九年

五月

农历己亥年

廿七

星期一

2019.05.27

MONDAY，MAY 27，2019

农历四月廿三

瑶族过山瑶盛装（贺州市八步区黄洞瑶族乡）

廿八

星期二

2019.05.28

TUESDAY，MAY 28，2019

农历四月廿四

公历二〇一九年

农历己亥年

侗族婚礼（三江侗族自治县林溪乡） 龙涛 摄

公历二〇一九年

农历己亥年

廿九

星期三

2019.05.29

WEDNESDAY，MAY 29，2019

农历四月廿五

苗族百褶裙（隆林各族自治县德峨镇田坝村）

公历二〇一九年

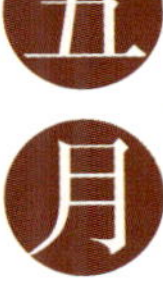

卅日

星期四

2019.05.30

THURSDAY，MAY 30，2019

农历四月廿六

苗族妇女晒挑花布（隆林各族自治县德峨镇田坝村）

卅一

星期五

2019.05.31

FRIDAY，MAY 31，2019

农历四月廿七

公历二〇一九年

五月

农历己亥年

公历二〇一九年

6

June

农历己亥年

六月

仫佬族

仫佬族是广西的土著民族，有自己民族的语言，没有自己民族的文字。仫佬族的人衣着简朴，服色尚青，男子着对襟短衣、长裤，年老的则穿琵琶襟上衣，妇女穿大襟上衣、长裤。在家跣足，外出穿草鞋。仫佬族有自己独特的民族节日依饭节。豆腐圆是仫佬族具有独特风味的食品。仫佬族喜爱唱歌，凡过年和“走坡”时节，随处都可以听到对歌声，其山歌种类有“随口答”、“古条”和“口风”三种。“凤凰护蛋”“象步虎掌”是仫佬族的传统体育项目。

在神像下刺绣的仫佬族妇女（罗城仫佬族自治县四把镇双寨村中寨屯）

公历二〇一九年

六月

农历己亥年

一

日

星期六

儿童节

2019.06.01

SATURDAY，JUN 1，2019

农历四月廿八

仡佬族服饰（隆林各族自治县德峨镇）

公历二〇一九年

六月

农历己亥年

二日

星期日

2019.06.02

SUNDAY，JUN 2，2019

农历四月廿九

苗族红头苗妇女银饰（隆林各族自治县德峨镇田坝村）

三日

星期一

2019.06.03

MONDAY, JUN 3, 2019

农历五月初一

公历二〇一九年

农历己亥年

瑶族盘瑶服饰（桂林市临桂区宛田瑶族乡庙坪村）

公历二〇一九年

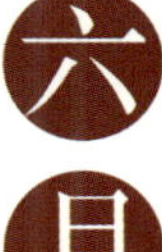

六月

农历己亥年

四日

星期二

2019.06.04

TUESDAY，JUN 4，2019

农历五月初二

侗族靛染工艺

五

日

星期三

2019.06.05

WEDNESDAY, JUN 5, 2019

农历五月初三

公历二〇一九年

农历己亥年

仡佬族新收集的农作物（隆林各族自治县德峨镇么基村）

芒种

星期四

2019.06.06

THURSDAY，JUN 6，2019

农历五月初四

公历二〇一九年

农历己亥年

壮族老人包粽子（田林县路城瑶族乡东力村八康屯）

端午

星期五

端午节（汉族）

2019.06.07

FRIDAY，JUN 7，2019

农历五月初五

公历二〇一九年

农历己亥年

佤佬族八音乐器

公历二〇一九年

农历己亥年

星期六

2019.06.08

SATURDAY，JUN 8，2019

农历五月初六

苗族花苗纺麻线工艺（隆林各族自治县猪场乡）

公历二〇一九年

农历己亥年

九日

星期日

2019.06.09

SUNDAY，JUN 9，2019

农历五月初七

壮族妇女银饰（那坡县城厢镇）

十日

星期一

2019.06.10

MONDAY，JUN 10，2019

农历五月初八

公历二〇一九年

农历己亥年

壮乡田园（隆林各族自治县新州镇）

一

星期二

2019.06.11

TUESDAY，JUN 11，2019

农历五月初九

公历二〇一九年

农历己亥年

仡佬族妇女日常生活（隆林各族自治县德峨镇么基村）

二

星期三

2019.06.12

WEDNESDAY，JUN 12，2019

农历五月初十

公历二〇一九年

月

农历己亥年

汉族妇女掰玉米（隆林各族自治县隆或镇）

星期四

2019.06.13

THURSDAY，JUN 13，2019

农历五月十一

公历二〇一九年

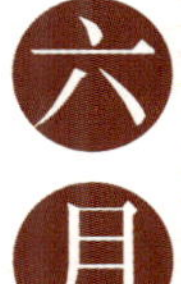

瑶族服饰（凌云县伶站瑶族乡）

星期五

2019.06.14

FRIDAY，JUN 14，2019

农历五月十二

公历二〇一九年

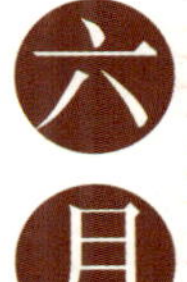

农历己亥年

水族背带（南丹县六寨镇）

公历二〇一九年

农历己亥年

十五

星期六

2019.06.15

SATURDAY，JUN 15，2019

农历五月十三

彝族服饰（隆林各族自治县德峨镇）

十六

星期日

2019.06.16

SUNDAY，JUN 16，2019

农历五月十四

公历二〇一九年

六月

农历己亥年

瑶族服饰（贺州市八步区水口镇龙坪村三组）

十七

星期一

2019.06.17

MONDAY，JUN 17，2019

农历五月十五

公历二〇一九年

苗族花苗老少（隆林各族自治县猪场乡）

公历二〇一九年

农历己亥年

十八

星期二

2019.06.18

TUESDAY，JUN 18，2019

农历五月十六

瑶族花蓝瑶青年男女（金秀瑶族自治县六巷乡门头村）

十九

星期三

2019.06.19

WEDNESDAY，JUN 19，2019

农历五月十七

公历二〇一九年

农历己亥年

瑶族服饰（融水苗族自治县洞头乡白岩村）

廿

日

星期四

2019.06.20

THURSDAY, JUN 20, 2019

农历五月十八

公历二〇一九年

农历己亥年

壮族现代新娘装（南丹县城关镇）

公历二〇一九年

农历己亥年

夏至

星期五

2019.06.21

FRIDAY，JUN 21，2019

农历五月十九

苗族红头苗服饰（隆林各族自治县德峨镇田坝村）

公历二〇一九年

农历己亥年

廿二

星期六

2019.06.22

SATURDAY，JUN 22，2019

农历五月二十

苗族日常生活（隆林各族自治县德峨镇田坝村张家寨屯）

廿三

星期日

2019.06.23

SUNDAY，JUN 23，2019

农历五月廿一

公历二〇一九年

农历己亥年

瑶族蓝靛瑶头饰（田林县潞城瑶族乡营盘村）

廿四

星期一

2019.06.24

MONDAY，JUN 24，2019

农历五月廿二

公历二〇一九年

农历己亥年

绣花的汉族女子（隆林各族自治县隆或镇）

廿五

星期二

2019.06.25

TUESDAY，JUN 25，2019

农历五月廿三

公历二〇一九年

农历己亥年

瑶族服饰（龙胜各族自治县平等镇盘胖村）

公历二〇一九年

农历己亥年

廿六

星期三

2019.06.26

WEDNESDAY，JUN 26，2019

农历五月廿四

壮族服饰（隆林各族自治县沙梨乡）

廿

七

星期四

2019.06.27

THURSDAY，JUN 27，2019

农历五月廿五

公历二〇一九年

农历己亥年

苗族服饰（隆林各族自治县猪场乡）

公历二〇一九年

农历己亥年

廿八

星期五

2019.06.28

FRIDAY，JUN 28，2019

农历五月廿六

瑶族山子瑶服饰（金秀瑶族自治县六巷乡）

廿九

星期六

2019.06.29

SATURDAY，JUN 29，2019

农历五月廿七

公历二〇一九年

农历己亥年

苗族红头苗、清水苗服饰（隆林各族自治县新州镇）

公历二〇一九年

农历己亥年

卅日

星期日

2019.06.30

SUNDAY，JUN 30，2019

农历五月廿八

7

公历二〇一九年

July

农历己亥年

毛南族

毛南族是广西土著民族之一，历史悠久，社会结构多元化，基本上是在原始社会制度瓦解后直接进入封建社会。在历史上，毛南族的文化水平比较高，学风良好。毛南族文学艺术丰富多彩，富有民族特色。与民歌相应的音乐有“欢草”“欢单”“欢耍”“童谣耍”“五字比”“草比”“排见”等十三种曲调，悠扬动人，热情奔放。此外，毛南族还有古朴的舞蹈，精美的石雕、刺绣、花竹帽和织锦艺术。毛南族的风俗习惯别有一番情趣，是其传统民族文化的一个重要组成部分，如聚族而居，保留了氏族公社的习尚；古朴的婚俗、形式多样的自然崇拜，都有浓郁的民族特点。

毛南族织锦纹样

公历二〇一九年

七月

农历己亥年

一日

星期一

达努节（瑶族）

建党节

2019.07.01

MONDAY，JUL 1，2019

农历五月廿九

瑶族大板瑶（防城港市防城区那良镇高林村）

公历二〇一九年

农历己亥年

二

星期二

2019.07.02

TUESDAY，JUL 2，2019

农历五月三十

苗族清水苗制作蜡染布（隆林各族自治县新州镇）

公历二〇一九年

七月

农历己亥年

三日

星期三

2019.07.03

WEDNESDAY，JUL 3，2019

农历六月初一

瑶族土瑶男装（贺州市平桂管理区鹅塘镇槽碓村）

公历二〇一九年

农历己亥年

四日

星期四

2019.07.04

THURSDAY，JUL 4，2019

农历六月初二

毛南族服饰（环江毛南族自治县）

公历二〇一九年

五日

星期五

2019.07.05

FRIDAY，JUL 5，2019

农历六月初三

苗族偏苗服饰（隆林各族自治县德峨镇）

公历二〇一九年

七月

农历己亥年

星期六

2019.07.06

SATURDAY，JUL 6，2019

农历六月初四

壮族群龙舞云图

星期日

2019.07.07

SUNDAY，JUL 7，2019

农历六月初五

公历二〇一九年

农历己亥年

毛南族服饰（环江毛南族自治县）

公历二〇一九年

农历己亥年

日

星期一

新禾节（苗族）

吃新节（侗族）

2019.07.08

MONDAY，JUL 8，2019

农历六月初六

壮族服饰（贺州市八步区南乡镇）

公历二〇一九年

七月

农历己亥年

九日

星期二

2019.07.09

TUESDAY，JUL 9，2019

农历六月初七

毛南族木面（环江毛南族自治县）

十日

星期三

2019.07.10

WEDNESDAY，JUL 10，2019

农历六月初八

公历二〇一九年

七月

农历己亥年

瑶族茶山瑶服饰（金秀瑶族自治县金秀镇）

星期四

2019.07.11

THURSDAY，JUL 11，2019

农历六月初九

公历二〇一九年

农历己亥年

苗族花苗儿童（隆林各族自治县猪场乡）

星期五

2019.07.12

FRIDAY，JUL 12，2019

农历六月初十

公历二〇一九年

农历己亥年

壮族妇女银饰（那坡县城厢镇）

十三

星期六

2019.07.13

SATURDAY，JUL 13，2019

农历六月十一

公历二〇一九年

农历己亥年

苗族清水苗小孩（隆林各族自治县新州镇）

公历二〇一九年

农历己亥年

星期日

2019.07.14

SUNDAY, JUL 14, 2019

农历六月十二

瑶族盘瑶服饰（融水苗族自治县滚贝侗族乡）

十五

星期一

2019.07.15

MONDAY，JUL 15，2019

农历六月十三

公历二〇一九年

农历己亥年

壮族银饰

星期二

2019.07.16

TUESDAY，JUL 16，2019

农历六月十四

公历二〇一九年

农历己亥年

瑶族红瑶少女（龙胜各族自治县龙脊镇金坑大寨村）

公历二〇一九年

农历己亥年

星期三

2019.07.17

WEDNESDAY，JUL 17，2019

农历六月十五

苗族花苗麻织工艺（隆林各族自治县猪场乡）

公历二〇一九年

农历己亥年

2019.07.18

THURSDAY，JUL 18，2019

农历六月十六

瑶族茶山瑶背带（金秀瑶族自治县金秀镇六段村）

公历二〇一九年

农历己亥年

十九

星期五

2019.07.19

FRIDAY，JUL 19，2019

农历六月十七

苗族挑花工艺（隆林各族自治县猪场乡岩圩村广子山屯）

公历二〇一九年

廿日

星期六

2019.07.20

SATURDAY，JUL 20，2019

农历六月十八

壮族打铜鼓（东兰县长江镇）

公历二〇一九年

农历己亥年

廿一

星期日

2019.07.21

SUNDAY，JUL 21，2019

农历六月十九

侗族蝴蝶纹样平绣工艺背带局部

公历二〇一九年

廿二

星期一

2019.07.22

MONDAY，JUL 22，2019

农历六月二十

现代苗族头饰（融水苗族自治县滚贝侗族乡大营村）贾世朝 摄

公历二〇一九年

大暑

星期二

2019.07.23

TUESDAY，JUL 23，2019

农历六月廿一

瑶族花蓝瑶母女（金秀瑶族自治县六巷乡门头村）

公历二〇一九年

廿四

星期三

2019.07.24

WEDNESDAY，JUL 24，2019

农历六月廿二

壮族服饰（贺州市八步区南乡镇）

廿

五

星期四

2019.07.25

THURSDAY，JUL 25，2019

农历六月廿三

公历二〇一九年

农历己亥年

彝族火把节（隆林各族自治县德峨镇）

公历二〇一九年

七月

农历己亥年

廿六

星期五

火把节（彝族）

2019.07.26

FRIDAY，JUL 26，2019

农历六月廿四

苗族（隆林各族自治县德峨镇）

廿七

星期六

2019.07.27

SATURDAY，JUL 27，2019

农历六月廿五

公历二〇一九年

农历己亥年

桂西北汉族生产生活（隆林各族自治县隆或镇）

公历二〇一九年

农历己亥年

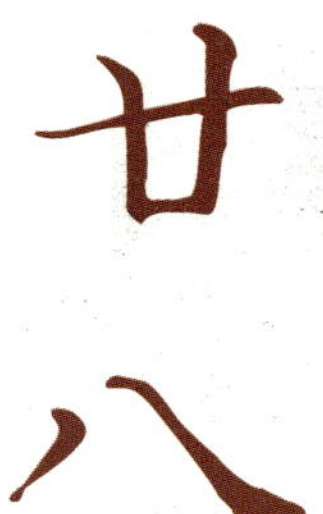

星期日

2019.07.28

SUNDAY，JUL 28，2019

农历六月廿六

壮族山歌和刺绣传承人梁桂花（隆林各族自治县介廷乡那达村）

廿九

星期一

2019.07.29

MONDAY，JUL 29，2019

农历六月廿七

公历二〇一九年

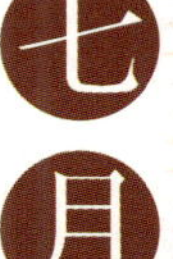

瑶族茶山瑶（金秀瑶族自治县金秀镇）

卅日

星期二

2019.07.30

TUESDAY，JUL 30，2019

农历六月廿八

公历二〇一九年

苗族红头苗妇女传承挑花工艺
（隆林各族自治县天生桥镇）

卅一

星期三

2019.07.31

WEDNESDAY，JUL 31，2019

农历六月廿九

公历二〇一九年

七月

农历己亥年

公历二〇一九年

8

August

农历己亥年

八月

自宋代以来，回族陆续迁来广西，长期与广西各族人民聚居在一起，经济文化相互交流。回族人民因与汉族人民长期交往，已学会讲汉语，使用汉字，但在宗教生活中还保留着一些波斯语和阿拉伯语的语词。回族信仰伊斯兰教，在回族聚居区都建有清真寺。伊斯兰教的主要经典是《古兰经》，教徒称为“穆斯林”。回族的服饰与汉族基本相同，但教徒做礼拜时，男戴白色或黑色的碗状帽，妇女头上覆盖红纱。回族节日和宗教信仰有密切关系，每年有三大宗教节日，即开斋节、古尔邦节、圣纪节。回族以食牛、羊肉为主，忌食猪、马、骡肉。

回族

回族（桂林市）梁敏力 摄

公历二〇一九年

农历己亥年

一日

星期四

建军节

2019.08.01

THURSDAY，AUG 1，2019

农历七月初一

苗族清水苗服饰（隆林各族自治县新州镇含山村大树脚屯）

公历二〇一九年

农历己亥年

二日

星期五

2019.08.02

FRIDAY，AUG 2，2019

农历七月初二

苗族素苗妇女挑花（隆林各族自治县蛇场乡）

三
日

星期六

2019.08.03

SATURDAY，AUG 3，2019

农历七月初三

公历二〇一九年

农历己亥年

水族妇女上衣纹样（南丹县六寨镇）

公历二〇一九年

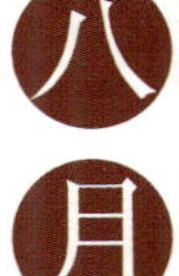

农历己亥年

四日

星期日

2019.08.04

SUNDAY，AUG 4，2019

农历七月初四

瑶族红瑶（龙胜各族自治县龙脊镇金坑大寨村）

公历二〇一九年

农历己亥年

五日

星期一

2019.08.05

MONDAY，AUG 5，2019

农历七月初五

壮族服饰（隆林各族自治县天生桥镇）

公历二〇一九年

农历己亥年

星期二

2019.08.06

TUESDAY，AUG 6，2019

瑶族服饰（桂平市紫金镇木山村）

七夕

星期三

七夕

2019.08.07

WEDNESDAY，AUG 7，2019

农历七月初七

公历二〇一九年

农历己亥年

毛南族织锦纹样

公历二〇一九年

农历己亥年

立秋

星期四

2019.08.08

THURSDAY，AUG 8，2019

农历七月初八

苗族白苗老人服饰（隆林各族自治县隆或镇）

公历二〇一九年

农历己亥年

九日

星期五

2019.08.09

FRIDAY，AUG 9，2019

农历七月初九

苗族现代夏装（融水苗族自治县洞头镇）

公历二〇一九年

八月

农历己亥年

十日

星期六

2019.08.10

SATURDAY，AUG 10，2019

农历七月初十

苗族少女服饰（环江毛南族自治县驯乐苗族乡

十一

星期日

2019.08.11

SUNDAY，AUG 11，2019

农历七月十一

公历二〇一九年

八月

农历己亥年

壮族绣花鞋

公历二〇一九年

八月

农历己亥年

2019.08.12

MONDAY，AUG 12，2019

农历七月十二

瑶族盘瑶服饰（恭城瑶族自治县莲花镇）

公历二〇一九年

十三

星期二

2019.08.13

TUESDAY，AUG 13，2019

农历七月十三

瑶族盛装（融水苗族自治县滚贝侗族乡）

公历二〇一九年

农历己亥年

十

星期三

2019.08.14

WEDNESDAY，AUG 14，2019

农历七月十四

瑶族白裤瑶男子玩陀螺（南丹县里湖瑶族乡怀里村）

星期四

中元节（汉族）

2019.08.15

THURSDAY，AUG 15，2019

农历七月十五

瑶族番瑶服饰（巴马瑶族自治县东山乡弄山村）

公历二〇一九年

八月

农历己亥年

十六

星期五

2019.08.16

FRIDAY，AUG 16，2019

农历七月十六

瑶族服饰（凌云县伶站瑶族乡）

公历二〇一九年

星期六

2019.08.17

SATURDAY，AUG 17，2019

农历七月十七

瑶族木柄瑶男装（田林县浪平镇平山村）

十八

星期日

2019.08.18

SUNDAY，AUG 18，2019

农历七月十八

公历二〇一九年

农历己亥年

苗族花苗少女（隆林各族自治县猪场乡）

十九

星期一

2019.08.19

MONDAY，AUG 19，2019

农历七月十九

公历二〇一九年

农历己亥年

苗族花苗村庄（隆林各族自治县猪场乡那伟村洞沟屯）

廿日

星期二

2019.08.20

TUESDAY，AUG 20，2019

农历七月二十

公历二〇一九年

农历己亥年

汉族（隆林各族自治县隆或镇）

廿一

星期三

2019.08.21

WEDNESDAY，AUG 21，2019

农历七月廿一

公历二〇一九年

八月

农历己亥年

瑶族（金秀瑶族自治县忠良乡三合村岭祖屯）

公历二〇一九年

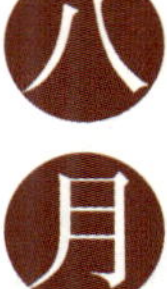

农历己亥年

廿二

星期四

2019.08.22

THURSDAY，AUG 22，2019

农历七月廿二

苗族坡会芦笙（融水苗族自治县安陲乡）

公历二〇一九年

农历己亥年

处暑

星期五

2019.08.23

FRIDAY，AUG 23，2019

农历七月廿三

瑶族盘瑶头饰（贺州市八步区黄洞瑶族乡）

公历二〇一九年

农历己亥年

廿四

星期六

2019.08.24

SATURDAY，AUG 24，2019

农历七月廿四

壮族服饰（天峨县三堡乡）

廿五

星期日

2019.08.25

SUNDAY，AUG 25，2019

农历七月廿五

公历二〇一九年

农历己亥年

瑶族盘瑶头饰（贺州市八步区黄洞瑶族乡）

廿六

星期一

2019.08.26

MONDAY，AUG 26，2019

农历七月廿六

公历二〇一九年

农历己亥年

壮族新娘服饰（龙胜各族自治县龙脊镇）

廿七

公历二〇一九年

农历己亥年

星期二

2019.08.27

TUESDAY，AUG 27，2019

农历七月廿七

苗族花苗服饰（隆林各族自治县猪场乡）

公历二〇一九年

八月

农历己亥年

廿八

星期三

2019.08.28

WEDNESDAY, AUG 28, 2019

农历七月廿八

苗年活动（融水苗族自治县香粉乡毛坪村） 郁良权 摄

公历二〇一九年

八月

农历己亥年

廿九

星期四

2019.08.29

THURSDAY，AUG 29，2019

农历七月廿九

壮族服饰（隆林各族自治县介廷乡岩怀村徕结屯）

卅日

星期五

2019.08.30

FRIDAY，AUG 30，2019

农历八月初一

公历二〇一九年

农历己亥年

瑶族番瑶祝著节服饰（巴马瑶族自治县东山乡）

卅一

星期六

2019.08.31

SATURDAY，AUG 31，2019

农历八月初二

公历二〇一九年

农历己亥年

公历二〇一九年
9
September
农历己亥年
九月

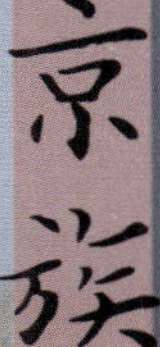

京族

京族是广西唯一以渔业为主的民族，主要聚居在广西东兴市江平镇的沥尾、山心、巫头三个海岛（素有“京族三岛”之称）上。京族文化在发展中受中华汉文化的影响很大，绝大部分京族人使用汉语（粤方言）、汉文。京族历史上曾经使用过“字喃”（意为南方的字，即喃字，系13世纪末京族人民在汉字的基础上创造的本民族文字）。京族以大米为主食，红薯、芋头为杂食，喜食鱼、虾、蟹、鱼汁及糯米制品。哈节是京族岁时习俗中隆重的民族节日，举办祀神、祭祖、文娱和乡饮四项重要活动。独弦琴是京族特有的民族乐器，结构简单而所奏乐曲音调丰富、音色优美。

京族少女服饰（东兴市江平镇沥尾村）

公历二〇一九年

九月

农历己亥年

一日

星期日

2019.09.01

SUNDAY，SEPT 1，2019

农历八月初三

苗族妇女服饰（隆林各族自治县克长乡新合村龙峰屯）

公历二〇一九年

九月

农历己亥年

二日

星期一

2019.09.02

MONDAY，SEPT 2，2019

农历八月初四

赶圩归来的苗族偏苗男子（隆林各族自治县猪场乡）

公历二〇一九年

农历己亥年

三日

星期二

2019.09.03

TUESDAY, SEPT 3, 2019

农历八月初五

瑶族蓝靛瑶新娘服饰（巴马瑶族自治县那社乡）

公历二〇一九年

九月

农历己亥年

四日

星期三

2019.09.04

WEDNESDAY，SEPT 4，2019

农历八月初六

壮族编带机

公历二〇一九年

九月

农历己亥年

五日

星期四

2019.09.05

THURSDAY, SEPT 5, 2019

农历八月初七

背月琴的苗族少女（隆林各族自治县德峨镇）

六日

星期五

2019.09.06

FRIDAY，SEPT 6，2019

农历八月初八

公历二〇一九年

九月

农历己亥年

苗族素苗妇女理麻（隆林各族自治县蛇场乡）

公历二〇一九年

农历己亥年

七日

星期六

2019.09.07

SATURDAY，SEPT 7，2019

农历八月初九

苗族偏苗手镯（隆林各族自治县德峨镇）

白露

星期日

2019.09.08

SUNDAY，SEPT 8，2019

农历八月初十

公历二〇一九年

农历己亥年

苗族亮布衣（融水苗族自治县四荣乡）

公历二〇一九年

农历己亥年

九日

星期一

2019.09.09

MONDAY，SEPT 9，2019

农历八月十一

苗族织锦（隆林各族自治县猪场乡那伟村洞沟屯）

十日

星期二
教师节

2019.09.10

TUESDAY，SEPT 10，2019

农历八月十二

公历二〇一九年

九月

农历己亥年

苗族红头苗妇女服饰（隆林各族自治县德峨镇田坝村）

星期三

2019.09.11

WEDNESDAY，SEPT 11，2019

农历八月十三

公历二〇一九年

农历己亥年

苗族坡会斗马（融水苗族自治县香粉乡）

十

二

星期四

2019.09.12

THURSDAY，SEPT 12，2019

农历八月十四

公历二〇一九年

九月

农历己亥年

平头瑶（贺州市平桂管理区大平瑶族乡成竹村）

公历二〇一九年

农历己亥年

中秋

星期五

中秋节

2019.09.13

FRIDAY，SEPT 13，2019

农历八月十五

苗族花苗服饰（隆林各族自治县猪场乡）

星期六

2019.09.14

SATURDAY，SEPT 14，2019

农历八月十六

公历二〇一九年

九月

农历己亥年

苗族妇女挑花（隆林各族自治县新州镇含山村大树脚屯）

十五

星期日

2019.09.15

SUNDAY，SEPT 15，2019

农历八月十七

公历二〇一九年

九月

农历己亥年

汉族妇女王陈氏曾获得清朝政府授匾表彰（隆林各族自治县介廷乡马窖村达料屯）

公历二〇一九年

九月

农历己亥年

十六

星期一

2019.09.16

MONDAY, SEPT 16, 2019

农历八月十八

苗族服饰（隆林各族自治县德峨镇田坝村）

星期二

2019.09.17

TUESDAY，SEPT 17，2019

农历八月十九

公历二〇一九年

农历己亥年

壮族（龙胜各族自治县龙脊镇平安村）

星期三

2019.09.18

WEDNESDAY，SEPT 18，2019

农历八月二十

公历二〇一九年

农历己亥年

苗族草苗服饰（三江侗族自治县良口乡）

十
九

星期四

2019.09.19

THURSDAY，SEPT 19，2019

农历八月廿一

公历二〇一九年

九
月

农历己亥年

汉族母女（隆林各族自治县介廷乡马窑村）

公历二〇一九年

九月

农历己亥年

廿日

星期五

2019.09.20

FRIDAY，SEPT 20，2019

农历八月廿二

瑶族盘瑶编带工艺（金秀瑶族自治县金秀镇）

廿一

星期六

2019.09.21

SATURDAY，SEPT 21，2019

农历八月廿三

公历二〇一九年

九月

农历己亥年

瑶族盘瑶服饰局部（龙胜各族自治县江底乡江底村梨子根组）

公历二〇一九年

九月

农历己亥年

廿二

星期日

2019.09.22

SUNDAY，SEPT 22，2019

农历八月廿四

壮族（那坡县城厢镇龙华村吞力屯）

秋分

星期一

2019.09.23

MONDAY，SEPT 23，2019

农历八月廿五

公历二〇一九年

九月

农历己亥年

节庆里打铜鼓的瑶族白裤瑶男子（南丹县里湖瑶族乡）

公历二〇一九年

农历己亥年

廿四

星期二

2019.09.24

TUESDAY，SEPT 24，2019

农历八月廿六

瑶族盘瑶饰品（龙胜各族自治县江底乡江底村梨子根组）

廿五

星期三

2019.09.25

WEDNESDAY，SEPT 25，2019

农历八月廿七

公历二〇一九年

农历己亥年

瑶族盘瑶（荔浦市蒲芦瑶族乡福文村）

公历二〇一九年

九月

农历己亥年

廿六

星期四

2019.09.26

THURSDAY，SEPT 26，2019

农历八月廿八

汉族（隆林各族自治县隆或镇）

公历二〇一九年

九月

农历己亥年

廿七

星期五

2019.09.27

FRIDAY，SEPT 27，2019

农历八月廿九

壮族妇女『三层楼』服饰（隆林各族自治县沙梨乡委敢村）

廿八

星期六

2019.09.28

SATURDAY，SEPT 28，2019

农历八月三十

公历二〇一九年

九月

农历己亥年

苗族花苗日常劳作（隆林各族自治县猪场乡）

公历二〇一九年

九月

农历己亥年

廿九

星期日

2019.09.29

SUNDAY，SEPT 29，2019

农历九月初一

苗族素苗老妇（隆林各族自治县蛇场乡）

卅
日

星期一

2019.09.30

MONDAY，SEPT 30，2019

农历九月初二

公历二〇一九年

九
月

农历己亥年

公历二〇一九年

10

October

十月

农历己亥年

彝族

广西彝族是在不同时期从滇黔等地迁来的，分为黑彝、白彝、红彝。彝族男子头扎“英雄结”（又称“朝天刺”，竖于头顶，高约30厘米。表示男子顶天立地，不受邪恶袭击），身披“擦瓦尔”（似汉族披风，羊毛织成，可遮雨挡风），女子着右衽绲边上衣、长裙。彝族节日活动较多，有农历三月三护林节、四月跳弓节、六月六爱鸟节、六月二十四火把节、八月二十三修路节、十月丰收节等，有抹黑脸、打磨秋、跳房等活动。彝族流行的舞蹈有铜鼓舞、芦笙舞、二胡舞，民歌有酒歌、情歌、起源歌、送葬歌等。

彝族服饰（隆林各族自治县德峨镇）

一日

公历二〇一九年

农历己亥年

星期二

国庆节

2019.10.01

TUESDAY，OCT 1，2019

农历九月初三

苗族花苗母女
（隆林各族自治县猪场乡）

公历二〇一九年

二日

星期三

2019.10.02

WEDNESDAY，OCT 2，2019

农历九月初四

苗族妇女赶圩（隆林各族自治县德峨镇）

三日

星期四

2019.10.03

THURSDAY，OCT 3，2019

农历九月初五

公历二〇一九年

农历己亥年

瑶族花头瑶头饰（防城港市防城区那良镇高林村）

公历二〇一九年

农历己亥年

四日

星期五

2019.10.04

FRIDAY，OCT 4，2019

农历九月初六

瑶族服饰（田林县八桂瑶族乡）

公历二〇一九年

十月

农历己亥年

五日

星期六

2019.10.05

SATURDAY，OCT 5，2019

农历九月初七

壮族服饰（西林县古障镇那岩村）

公历二〇一九年

六日

星期日

2019.10.06

SUNDAY，OCT 6，2019

农历九月初八

长寿之乡巴马瑶族自治县那桃乡邓家还保存一块清朝光绪年间广西提督颁发给邓氏祖先的木匾

重阳

公历二〇一九年

十月

农历己亥年

星期一

重阳节

南瓜节（毛南族）

2019.10.07

MONDAY，OCT 7，2019

农历九月初九

瑶族白裤瑶蜡绘（南丹县里湖瑶族乡怀里村）

公历二〇一九年

十月

农历己亥年

寒露

星期二

2019.10.08

TUESDAY, OCT 8, 2019

农历九月初十

彝族服饰（那坡县城厢镇）

公历二〇一九年

农历己亥年

九日

星期三

2019.10.09

WEDNESDAY，OCT 9，2019

农历九月十一

壮族天琴（龙州县金龙镇板池村）

公历二〇一九年

农历己亥年

十日

星期四

2019.10.10

THURSDAY，OCT 10，2019

农历九月十二

彝族老少（隆林各族自治县德峨镇那地村）

十一

星期五

2019.10.11

FRIDAY，OCT 11，2019

农历九月十三

公历二〇一九年

十月

农历己亥年

彝族「跳弓节」文化传承人（那坡县城厢镇）

十二

星期六

2019.10.12

SATURDAY，OCT 12，2019

农历九月十四

公历二〇一九年

农历己亥年

瑶族母女（全州县东山瑶族乡）

十三

星期日

2019.10.13

SUNDAY，OCT 13，2019

农历九月十五

公历二〇一九年

瑶族红瑶服饰（龙胜各族自治县泗水乡）

星期一

2019.10.14

MONDAY，OCT 14，2019

农历九月十六

公历二〇一九年

十月

农历己亥年

彝族祖孙（隆林各族自治县德峨镇）

公历二〇一九年

十月

农历己亥年

十五

星期二

2019.10.15

TUESDAY，OCT 15，2019

农历九月十七

彝族祭祀布谷鸟祈求丰收（隆林各族自治县德峨镇）

十六

星期三

2019.10.16

WEDNESDAY，OCT 16，2019

农历九月十八

公历二〇一九年

农历己亥年

瑶族番瑶妇女盛装腰带（巴马瑶族自治县东山乡）

星期四

2019.10.17

THURSDAY，OCT 17，2019

农历九月十九

公历二〇一九年

十

月

农历己亥年

瑶族盘瑶服饰（恭城瑶族自治县莲花镇杨梅村）

星期五

2019.10.18

FRIDAY，OCT 18，2019

农历九月二十

公历二〇一九年

农历己亥年

彝族服饰（隆林各族自治县德峨镇）

十
九

星期六

2019.10.19

SATURDAY，OCT 19，2019

农历九月廿一

公历二〇一九年

十月

农历己亥年

彝族玉米烧烤摊（隆林各族自治县德峨镇）

廿日

公历二〇一九年

农历己亥年

星期日

2019.10.20

SUNDAY，OCT 20，2019

农历九月廿二

彝族（隆林各族自治县德峨镇）

公历二〇一九年

廿一

星期一

2019.10.21

MONDAY，OCT 21，2019

农历九月廿三

彝族“跳弓节”仪式现场（那坡县城厢镇）

公历二〇一九年

农历己亥年

廿二

星期二

2019.10.22

TUESDAY，OCT 22，2019

农历九月廿四

彝族（隆林各族自治县德峨镇）

廿三

星期三

2019.10.23

WEDNESDAY，OCT 23，2019

农历九月廿五

彝族男子服饰（隆林各族自治县德峨镇）

霜降

星期四

2019.10.24

THURSDAY，OCT 24，2019

农历九月廿六

公历二〇一九年

农历己亥年

彝族（隆林各族自治县德峨镇）

廿

五

星期五

2019.10.25

FRIDAY，OCT 25，2019

农历九月廿七

公历二〇一九年

农历己亥年

彝族日常生活（隆林各族自治县德峨镇）

公历二〇一九年

十月

农历己亥年

廿六

星期六

2019.10.26

SATURDAY, OCT 26, 2019

农历九月廿八

彝族老年妇女服饰（隆林各族自治县德峨镇）

公历二〇一九年

农历己亥年

廿七

星期日

2019.10.27

SUNDAY，OCT 27，2019

农历九月廿九

瑶族妇女盛装（贺州市八步区黄洞瑶族乡）

公历二〇一九年

十月

农历己亥年

星期一

2019.10.28

MONDAY，OCT 28，2019

农历十月初一

彝族火把节活动——抢新娘（隆林各族自治县德峨镇）

廿九

星期二

2019.10.29

TUESDAY，OCT 29，2019

农历十月初二

公历二〇一九年

农历己亥年

彝族风俗——抹黑脸（隆林各族自治县德峨镇）

卅日

公历二〇一九年

农历己亥年

星期三

2019.10.30

WEDNESDAY，OCT 30，2019

农历十月初三

彝族（隆林各族自治县德峨镇那地村）

公历二〇一九年

农历己亥年

卅一

星期四

2019.10.31

THURSDAY，OCT 31，2019

农历十月初四

公历二〇一九年
11
November
农历己亥年
十一月

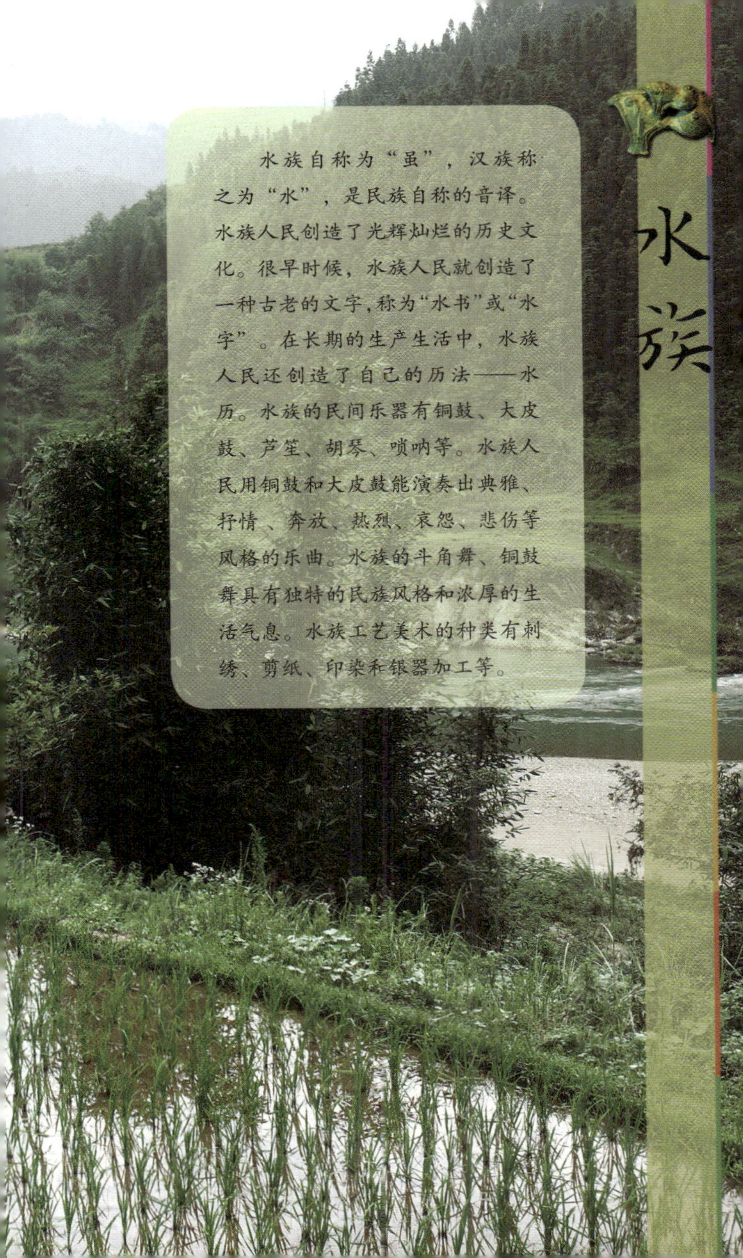

水族

水族自称为“虽”，汉族称之为“水”，是民族自称的音译。水族人民创造了光辉灿烂的历史文化。很早时候，水族人民就创造了一种古老的文字，称为“水书”或“水字”。在长期的生产生活中，水族人民还创造了自己的历法——水历。水族的民间乐器有铜鼓、大皮鼓、芦笙、胡琴、唢呐等。水族人民用铜鼓和大皮鼓能演奏出典雅、抒情、奔放、热烈、哀怨、悲伤等风格的乐曲。水族的斗角舞、铜鼓舞具有独特的民族风格和浓厚的生活气息。水族工艺美术的种类有刺绣、剪纸、印染和银器加工等。

水族服饰（南丹县六寨镇）

公历二〇一九年

农历己亥年

一日

星期五

2019.11.01

FRIDAY，NOV 1，2019

农历十月初五

壮族绣花围腰（隆林各族自治县介廷乡老寨村）

公历二〇一九年

农历己亥年

二日

星期六

2019.11.02

SATURDAY，NOV 2，2019

农历十月初六

苗族白苗服饰（隆林各族自治县隆或镇）

公历二〇一九年

月

农历己亥年

星期日

2019.11.03

SUNDAY，NOV 3，2019

农历十月初七

瑶族盘瑶新娘装（桂林市临桂区宛田瑶族乡）

公历二〇一九年

月

农历己亥年

四日

星期一

2019.11.04

MONDAY，NOV 4，2019

农历十月初八

瑶族盘瑶服饰（龙胜各族自治县江底乡）

五日

星期二

2019.11.05

TUESDAY，NOV 5，2019

农历十月初九

公历二〇一九年

十一月

农历己亥年

水族马尾绣纹龙凤呈祥纹样背扇

六日

星期三

食新米节（水族）

2019.11.06

WEDNESDAY，NOV 6，2019

农历十月初十

公历二〇一九年

十

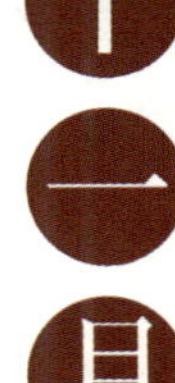

农历己亥年

瑶族花头瑶（防城港市防城区那良镇高林村）

公历二〇一九年

七日

星期四

2019.11.07

THURSDAY，NOV 7，2019

农历十月十一

苗家火塘（融水苗族自治县大年乡） 郁良权 摄

立冬

星期五

2019.11.08

FRIDAY，NOV 8，2019

农历十月十二

公历二〇一九年

十一月

农历己亥年

瑶族番瑶服饰（巴马瑶族自治县东山乡）

公历二〇一九年

农历己亥年

九日

星期六

2019.11.09

SATURDAY，NOV 9，2019

农历十月十三

百岁老人在屋里做针线活（巴马瑶族自治县巴马镇）

公历二〇一九年

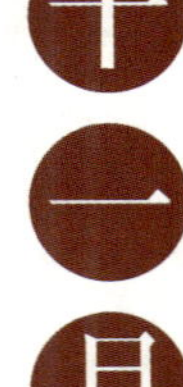

农历己亥年

十日

星期日

2019.11.10

SUNDAY，NOV 10，2019

农历十月十四

瑶族盘瑶服饰（富川瑶族自治县）

十一

星期一

2019.11.11

MONDAY，NOV 11，2019

农历十月十五

公历二〇一九年

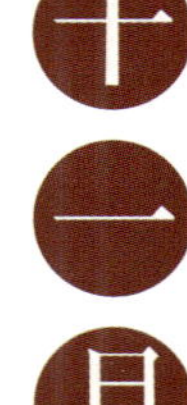

月

农历己亥年

仡佬族（隆林各族自治县克长乡新合村［illegible］铁寨）

十二

星期二

盘王节（瑶族）

2019.11.12

TUESDAY，NOV 12，2019

农历十月十六

瑶族蓝靛瑶男装（西林县普合苗族乡）

十三

星期三

2019.11.13

WEDNESDAY，NOV 13，2019

农历十月十七

公历二〇一九年

瑶族白裤瑶梳纱（南丹县里湖瑶族乡怀里村）

公历二〇一九年

十一月

农历己亥年

十

四

星期四

2019.11.14

THURSDAY，NOV 14，2019

农历十月十八

瑶族盘瑶服饰（融水苗族自治县滚贝侗族乡）

公历二〇一九年

农历己亥年

十五

星期五

2019.11.15

FRIDAY，NOV 15，2019

农历十月十九

壮族（凌云县玉洪瑶族乡江更村）

十
六

星期六

2019.11.16

SATURDAY，NOV 16，2019

农历十月二十

公历二〇一九年

农历己亥年

壮族（西林县古障镇）

星期日

2019.11.17

SUNDAY，NOV 17，2019

农历十月廿一

公历二〇一九年

农历己亥年

水族布贴绣花鞋

十

八

星期一

2019.11.18

MONDAY，NOV 18，2019

农历十月廿二

公历二〇一九年

月

农历己亥年

苗族素苗少女在晾麻纱（隆林各族自治县蛇场乡）

公历二〇一九年

农历己亥年

十九

星期二

2019.11.19

TUESDAY，NOV 19，2019

农历十月廿三

壮族服饰（隆林各族自治县介廷乡老寨村）

廿日

星期三

2019.11.20

WEDNESDAY，NOV 20，2019

农历十月廿四

公历二〇一九年

农历己亥年

水族老人（南丹县六寨镇）

公历二〇一九年

农历己亥年

廿一

星期四

2019.11.21

THURSDAY，NOV 21，2019

农历十月廿五

瑶族金锣舞（田东县作登瑶族乡）

星期五

2019.11.22

FRIDAY，NOV 22，2019

农历十月廿六

公历二〇一九年

十一月

农历己亥年

壮族（乐业县新化乡磨里村）

廿三

星期六

2019.11.23

SATURDAY，NOV 23，2019

农历十月廿七

公历二〇一九年

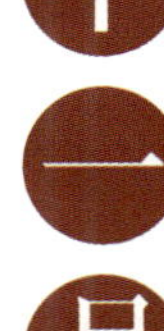

农历己亥年

壮族服饰（龙胜各族自治县龙脊镇平安村）

公历二〇一九年

农历己亥年

廿四

星期日

2019.11.24

SUNDAY，NOV 24，2019

农历十月廿八

瑶族盘瑶新娘装（龙胜各族自治县江底乡江底村梨子根组）

廿五

星期一

2019.11.25

MONDAY，NOV 25，2019

农历十月廿九

公历二〇一九年

十一月

农历己亥年

彝族服饰（隆林各族自治县德峨镇）

廿六

星期二

冬节（侗族）

2019.11.26

TUESDAY，NOV 26，2019

农历十一月初一

公历二〇一九年

农历己亥年

彝族（那坡县城厢镇）

廿七

星期三

2019.11.27

WEDNESDAY，NOV 27，2019

农历十一月初二

公历二〇一九年

农历己亥年

苗族偏苗未婚女子便装（隆林各族自治县德峨镇）

公历二〇一九年

农历己亥年

廿八

星期四

2019.11.28

THURSDAY，NOV 28，2019

农历十一月初三

汉族（隆林各族自治县隆或镇）

廿九

星期五

2019.11.29

FRIDAY，NOV 29，2019

农历十一月初四

公历二〇一九年

农历己亥年

壮族少女服饰（大新县宝圩乡板价村）

卅日

星期六

2019.11.30

SATURDAY，NOV 30，2019

农历十一月初五

公历二〇一九年

十一月

农历己亥年

公历二〇一九年

12

December

农历己亥年

十二月

仡佬族

仡佬族是我国西南地区一个古老的土著民族，因衣饰、生活、生产等不同特点而被称为青仡佬、红仡佬、黄仡佬、水仡佬等。仡佬族人爱唱歌，有富于民族特色的“八仙”乐曲、“牛筋舞”和民间故事。主要的民族节日有农历正月十四的拜树节和八月十五的祭祖节以及吃薯节、捉虫节、吃新节等。打秋千是仡佬族群众特别喜爱的传统体育活动，多在春节和正月十五举行。

仡佬族男子演奏八音（隆林各族自治县德峨镇）

公历二〇一九年

月

农历己亥年

一日

星期日

2019.12.01

SUNDAY，DEC 1，2019

农历十一月初六

毛南族织锦纹样

公历二〇一九年

农历己亥年

二日

星期一

2019.12.02

MONDAY，DEC 2，2019

农历十一月初七

瑶族花头瑶头饰（防城港市防城区那良镇高林村）

公历二〇一九年

十二月

农历己亥年

三日

星期二

2019.12.03

TUESDAY，DEC 3，2019

农历十一月初八

仡佬族服饰（隆林各族自治县德峨镇么基村大水井屯）

公历二〇一九年

十二月

农历己亥年

四日

星期三

2019.12.04

WEDNESDAY，DEC 4，2019

农历十一月初九

水族（南丹县六寨镇）

公历二〇一九年

农历己亥年

五日

星期四

2019.12.05

THURSDAY，DEC 5，2019

农历十一月初十

侗族织锦背带局部

公历二〇一九年

农历己亥年

星期五

2019.12.06

FRIDAY，DEC 6，2019

农历十一月十一

瑶族盘瑶服饰（桂平市紫金镇木山村）

大雪

星期六

2019.12.07

SATURDAY，DEC 7，2019

农历十一月十二

公历二〇一九年

十二月

农历己亥年

苗族（隆林各族自治县猪场乡）

星期日

2019.12.08

SUNDAY，DEC 8，2019

农历十一月十三

公历二〇一九年

农历己亥年

苗族蜡染（隆林各族自治县猪场乡那伟村洞沟屯）

公历二〇一九年

农历己亥年

九日

星期一

2019.12.09

MONDAY，DEC 9，2019

农历十一月十四

仡佬族男装（隆林各族自治县德峨镇么基村大水井屯）

十日

星期二

2019.12.10

TUESDAY，DEC 10，2019

农历十一月十五

公历二〇一九年

农历己亥年

苗族妇女（隆林各族自治县猪场乡岩圩村广子山屯）

公历二〇一九年

月

农历己亥年

十一

星期三

2019.12.11

WEDNESDAY，DEC 11，2019

农历十一月十六

仡佬族刺绣围腰纹样（隆林各族自治县德峨镇）

公历二〇一九年

农历己亥年

星期四

2019.12.12

THURSDAY，DEC 12，2019

农历十一月十七

水族背带（南丹县六寨镇）

十
三

星期五

2019.12.13

FRIDAY，DEC 13，2019

农历十一月十八

公历二〇一九年

十二月

农历己亥年

壮族（那坡县龙合镇共合村达文屯）

十

星期六

2019.12.14

SATURDAY，DEC 14，2019

农历十一月十九

公历二〇一九年

农历己亥年

瑶族番瑶服饰（巴马瑶族自治县东山乡弄山村）

公历二〇一九年

十二月

农历己亥年

星期日

2019.12.15

SUNDAY，DEC 15，2019

农历十一月二十

汉族老人（隆林各族自治县隆或镇）

十六

星期一

2019.12.16

MONDAY，DEC 16，2019

农历十一月廿一

公历二〇一九年

月

农历己亥年

壮族服饰（贵港市港北区港城镇龙井村上龙屯）

公历二〇一九年

农历己亥年

十七

星期二

2019.12.17

TUESDAY，DEC 17，2019

农历十一月廿二

汉族（隆林各族自治县隆或镇）

公历二〇一九年

月

农历己亥年

十八

星期三

2019.12.18

WEDNESDAY，DEC 18，2019

农历十一月廿三

瑶族番瑶服饰（巴马瑶族自治县东山乡）

十九

星期四

2019.12.19

THURSDAY，DEC 19，2019

农历十一月廿四

公历二〇一九年

农历己亥年

庆里打铜鼓的瑶族白裤瑶男子（南丹县里湖瑶族乡）

廿日

星期五

2019.12.20

FRIDAY，DEC 20，2019

农历十一月廿五

公历二〇一九年

月

农历己亥年

仫佬族小孩吉祥银饰

廿一

星期六

2019.12.21

SATURDAY，DEC 21，2019

农历十一月廿六

公历二〇一九年

月

农历己亥年

瑶族土瑶新娘服饰（贺州市平桂管理区鹅塘镇大明村）

星期日

2019.12.22

SUNDAY，DEC 22，2019

农历十一月廿七

公历二〇一九年

十二月

农历己亥年

上山背玉米的汉族妇女（隆林各族自治县隆或镇）

廿三

星期一

2019.12.23

MONDAY，DEC 23，2019

农历十一月廿八

公历二〇一九年

农历己亥年

壮族（南丹县吾隘镇那地村）

廿四

星期二

2019.12.24

TUESDAY，DEC 24，2019

农历十一月廿九

公历二〇一九年

农历己亥年

瑶族（田林县利周瑶族乡）

公历二〇一九年

农历己亥年

廿五

星期三

2019.12.25

WEDNESDAY，DEC 25，2019

农历十一月三十

背牛角号的瑶族白裤瑶男子（南丹县里湖瑶族乡怀里村）

公历二〇一九年

农历己亥年

廿六

星期四

苗年（苗族）

2019.12.26

THURSDAY，DEC 26，2019

农历腊月初一

瑶族蓝靛瑶伴娘装（凌云县泗城镇览沙村那劳屯）

星期五

2019.12.27

FRIDAY，DEC 27，2019

农历腊月初二

公历二〇一九年

农历己亥年

壮族（隆林各族自治县沙梨乡）

廿八

星期六

2019.12.28

SATURDAY，DEC 28，2019

农历腊月初三

公历二〇一九年

十二月

农历己亥年

瑶族大板瑶服饰（防城港市防城区峒中镇）

公历二〇一九年

十二月

农历己亥年

廿九

星期日

2019.12.29

SUNDAY，DEC 29，2019

农历腊月初四

瑶族红瑶绣娘（龙胜各族自治县龙脊镇金坑大寨村）

卅日

星期一

2019.12.30

MONDAY，DEC 30，2019

农历腊月初五

公历二〇一九年

月

农历己亥年

壮族儿童（那坡县城厢镇）

公历二〇一九年

十二月

农历己亥年

卅一

星期二

2019.12.31

TUESDAY，DEC 31，2019

农历腊月初六

2019

公历二〇一九年 农历己亥年

一月

SUN日	MON一	TUE二	WED三	THU四	FRI五	SAT六
		1 元旦	2 廿七	3 廿八	4 廿九	5 小寒
6 腊月	7 初二	8 初三	9 初四	10 初五	11 初六	12 初七
13 腊八	14 初九	15 初十	16 十一	17 十二	18 十三	19 十四
20 大寒	21 十六	22 十七	23 十八	24 十九	25 二十	26 廿一
27 廿二	28 小年	29 廿四	30 廿五	31 廿六		

二月

SUN日	MON一	TUE二	WED三	THU四	FRI五	SAT六
					1 廿七	2 廿八
3 廿九	4 立春 除夕	5 春节	6 初二	7 初三	8 初四	9 初五
10 初六	11 初七	12 初八	13 初九	14 初十	15 十一	16 十二
17 十三	18 十四	19 雨水 元宵	20 十六	21 十七	22 十八	23 十九
24 二十	25 廿一	26 廿二	27 廿三	28 廿四		

三月

SUN日	MON一	TUE二	WED三	THU四	FRI五	SAT六
31 廿五					1 廿五	2 廿六
3 廿七	4 廿八	5 廿九	6 惊蛰	7 二月	8 妇女节	9 初三
10 初四	11 初五	12 植树节	13 初七	14 初八	15 初九	16 初十
17 十一	18 十二	19 十三	20 十四	21 春分	22 十六	23 十七
24 十八	25 十九	26 二十	27 廿一	28 廿二	29 廿三	30 廿四

四月

SUN日	MON一	TUE二	WED三	THU四	FRI五	SAT六
	1 廿六	2 廿七	3 廿八	4 廿九	5 清明节	6 初二
7 上巳节	8 初四	9 初五	10 初六	11 初七	12 初八	13 初九
14 初十	15 十一	16 十二	17 十三	18 十四	19 十五	20 谷雨
21 十七	22 十八	23 十九	24 二十	25 廿一	26 廿二	27 廿三
28 廿四	29 廿五	30 廿六				

五月

SUN日	MON一	TUE二	WED三	THU四	FRI五	SAT六
			1 劳动节	2 廿八	3 廿九	4 青年节
5 四月	6 立夏	7 初三	8 初四	9 初五	10 初六	11 初七
12 初八	13 初九	14 初十	15 十一	16 十二	17 十三	18 十四
19 十五	20 十六	21 小满	22 十八	23 十九	24 二十	25 廿一
26 廿二	27 廿三	28 廿四	29 廿五	30 廿六	31 廿七	

六月

SUN日	MON一	TUE二	WED三	THU四	FRI五	SAT六
30 廿八						1 儿童节
2 廿九	3 五月	4 初二	5 初三	6 芒种	7 端午节	8 初六
9 初七	10 初八	11 初九	12 初十	13 十一	14 十二	15 十三
16 十四	17 十五	18 十六	19 十七	20 十八	21 夏至	22 二十
23 廿一	24 廿二	25 廿三	26 廿四	27 廿五	28 廿六	29 廿七

七月

SUN日	MON一	TUE二	WED三	THU四	FRI五	SAT六
	1 建党节	2 三十	3 六月	4 初二	5 初三	6 初四
7 小暑	8 初六	9 初七	10 初八	11 初九	12 初十	13 十一
14 十二	15 十三	16 十四	17 十五	18 十六	19 十七	20 十八
21 十九	22 二十	23 大暑	24 廿二	25 廿三	26 廿四	27 廿五
28 廿六	29 廿七	30 廿八	31 廿九			

八月

SUN日	MON一	TUE二	WED三	THU四	FRI五	SAT六
				1 建军节	2 初二	3 初三
4 初四	5 初五	6 初六	7 七夕	8 立秋	9 初九	10 初十
11 十一	12 十二	13 十三	14 十四	15 中元节	16 十六	17 十七
18 十八	19 十九	20 二十	21 廿一	22 廿二	23 处暑	24 廿四
25 廿五	26 廿六	27 廿七	28 廿八	29 廿九	30 八月	31 初二

九月

SUN日	MON一	TUE二	WED三	THU四	FRI五	SAT六
1 初三	2 初四	3 初五	4 初六	5 初七	6 初八	7 初九
8 白露	9 十一	10 教师节	11 十三	12 十四	13 中秋节	14 十六
15 十七	16 十八	17 十九	18 二十	19 廿一	20 廿二	21 廿三
22 廿四	23 秋分	24 廿六	25 廿七	26 廿八	27 廿九	28 三十
29 九月	30 初二					

十月

SUN日	MON一	TUE二	WED三	THU四	FRI五	SAT六
		1 国庆节	2 初四	3 初五	4 初六	5 初七
6 初八	7 重阳节	8 寒露	9 十一	10 十二	11 十三	12 十四
13 十五	14 十六	15 十七	16 十八	17 十九	18 二十	19 廿一
20 廿二	21 廿三	22 廿四	23 廿五	24 霜降	25 廿七	26 廿八
27 廿九	28 十月	29 初二	30 初三	31 初四		

十一月

SUN日	MON一	TUE二	WED三	THU四	FRI五	SAT六
					1 初五	2 初六
3 初七	4 初八	5 初九	6 初十	7 十一	8 立冬	9 十三
10 十四	11 十五	12 十六	13 十七	14 十八	15 十九	16 二十
17 廿一	18 廿二	19 廿三	20 廿四	21 廿五	22 小雪	23 廿七
24 廿八	25 廿九	26 十一月	27 初二	28 初三	29 初四	30 初五

十二月

SUN日	MON一	TUE二	WED三	THU四	FRI五	SAT六
1 初六	2 初七	3 初八	4 初九	5 初十	6 十一	7 大雪
8 十三	9 十四	10 十五	11 十六	12 十七	13 十八	14 十九
15 二十	16 廿一	17 廿二	18 廿三	19 廿四	20 廿五	21 廿六
22 冬至	23 廿八	24 廿九	25 三十	26 腊月	27 初二	28 初三
29 初四	30 初五	31 初六				

2019

公历二〇一九年 农历己亥年

【作者简介】

梁汉昌，壮族摄影家，广西民族文化艺术研究院副研究员，北京服装学院特聘教授，“十一五”国家重点图书出版规划项目“没有围墙的民族博物馆”系列丛书——“广西隆林”“壮族服饰文化”“瑶族服饰文化”课题负责人和摄影作者，国家科技重大项目“广西民族服饰文化遗产数字化公共服务系统及文化旅游产业应用示范”首席专家顾问，系中国民俗摄影协会博学高级会士。创作的摄影艺术作品《村委会主任》曾获美国《国家地理》全球摄影大赛中国赛区三等奖，作品《壮族娃仔背带》曾获联合国教科文组织和中国民俗摄影协会联合主办的第六届国际民俗摄影比赛“人类贡献奖”。

梁汉昌
各美其美　美美与共

图书在版编目（CIP）数据

美美与共 2019 / 梁汉昌摄影. — 南宁：广西民族出版社，2018.10
ISBN 978-7-5363-7240-5

Ⅰ. ①美… Ⅱ. ①梁… Ⅲ. ①历书—中国—2019 ②民族文化—广西 Ⅳ. ①P195. 2 ②K280. 67

中国版本图书馆 CIP 数据核字（2018）第 242651 号

MEI MEI YU GONG 2019
美美与共 2019
摄　　影：梁汉昌

出 版 人：石朝雄
策　　划：李雨春　张惠琼
责任编辑：宾伟贤　卢悦宁
装帧设计：陈　凌
责任校对：庞丽明
责任印制：刘文峰
出版发行：广西民族出版社
地址：广西南宁市青秀区桂春路 3 号　邮编：530028
电话：0771-5523216　传真：0771-5523225
电子邮箱：bws@gxmzbook.com
印　　刷：广西壮族自治区地质印刷厂
规　　格：787 毫米 × 1092 毫米　1/32
印　　张：24.25
字　　数：150 千
版　　次：2018 年 10 月第 1 版
印　　次：2018 年 10 月第 1 次印刷
书　　号：ISBN 978-7-5363-7240-5
定　　价：88.00 元